AF715513

शहरग़र्द - शहर की ग़र्द से

शहर की ग़र्द में शहरग़र्द है

Tarun Sharma

BookLeaf Publishing
India | USA | UK

Made with ❤ on the BookLeaf Publishing Platform
www.bookleafpub.in
www.bookleafpub.com

Dedication

उन शहरों के नाम
जिन्होंने जीने का तरीक़ा सिखाया
जिन शहरों में
चलना सीखा, बचना सीखा,
जीना सिखा, रोना सीखा
दोस्त बनाना सीखा,
रिश्ते निभाना सीखा

यह संग्रह मेरी ओर से उन छोटे शहरों को एक समर्पण है, जिन्होंने मुझे गढ़ा, गूंधा और गहराई दी।
उम्मीद है कि ये कविताएँ आपको भी उतनी ही अपनी लगें जितनी ये मेरे लिए हैं।

Preface

इस काव्य-संग्रह *"शहरगर्द -शहर की गर्द से"* की जड़ें, मेरे जीवन के उस ग़र्द भरे रस्ते में हैं, जिसे हम अक्सर 'छोटे शहरों की ज़िंदगी' कहते हैं। यह संग्रह, न सिर्फ़ कविताओं का संकलन है, बल्कि छोटे और बड़े शहरों में बिताए मेरे जीवन की उन अनुभूतियों, संघर्षों, तुलनाओं, बदलावों और सूक्ष्म परतों का दस्तावेज़ है जिन्हें मैंने जिया है, समझा है और शब्दों में ढालने की कोशिश की है। यह संग्रह असल में छोटे शहरों, उनके अनूठेपन, और उनमें में हो रहे बदलावों पर एक टिप्पणी है और शहरी परिवर्तन, आधुनीकरण और छोटे शहरों की विशिष्ट पहचान को दर्शाने का एक प्रयास है।

मैं पिछले 20 वर्षों से लगातार इस विषय पर लिखता आ रहा हूँ पर पहली बार इन्हें एक साथ लाने का प्रयास ख़ुद से कर रहा हूँ। "शहरग़र्द" उन शहरों की धूल है जो दिखती तो नहीं, लेकिन साँसों में बस जाती है। यह संग्रह जीवन में आगे बढ़ने की मरीचिका से निकले चकाचौंध में अपने आप को ढूँढते हुए आगे बढ़ने की एक कोशिश है।

मेरी लेखनी में मैंने अपने शहरी जीवन के उन पहलुओं पर ध्यान देने की कोशिश की है जिन्हें अक्सर अनदेखा कर दिया जाता है। उन पहलुओं के इस्तेमाल से मुझे अपने अनुभवों के गहरे तानो बालों में छिपी बारीक अंतर्दृष्टि या इनसाइट को निकालने में मदद मिलती है। उन्हीं अंतर्दृष्टियों का एक छोटा सा यह झरोखा है।

मेरी परवरिश हृषीकेश में हुई, जहाँ एक ही घर में 35 लोगों के साथ रहने ने मुझे सामूहिक दृष्टिकोण और विविध नज़रियों को गहराई से

समझने का अवसर दिया। इसके बाद पढ़ाई और काम के जद्दोजहद ने मुझे दिल्ली, सिंगापुर, बैंगलोर जैसे महानगरों में पहुँचाया, और वहीं से शुरू हुआ मेरा यह अंदरूनी संवादः छोटे शहरों की आत्मा और बड़े शहरों के आडम्बर के बीच।

मैंने पिछले दो दशकों से लगातार छोटे शहरों पर लिखते हुए, उनकी आवाज़ को शब्दों के माध्यम से दर्ज करने का प्रयास किया है। यह कविताएँ, उन्हीं अनुभवों की गूंज हैं। कभी चाय के खोखे के पीछे छुपी बातचीत से भाँप बन कर उठी, तो कभी बस अड्डे पर खड़े किसी किरदार की आंखों में से झाँक कर निकली।

Acknowledgements

शहर की ग़र्द से उठते लफ़्ज़ों के लिए...

इस किताब के पन्नों पर जमी शहर की ग़र्द उन तमाम लोगों के गली कूचों से उठी है जिनकी आवाज़ों, खामोशियों, खुशिओं, ग़मों, आशाओं और निराशाओं को मैंने अपने जीवन के किसी न किसी मोड़ पर अपने साथ पाया है।

इनमें कुछ पास, कुछ दूर, कुछ आम कुछ ख़ास और कुछ सिर्फ़ ख़यालों में। इन सभी का शुक्रिया।

पर उनसे पहले मेरे परिवार का आभार जिन्होंने मुझे ज़िंदगी के उन रास्तों पर चलाया और चलना सिखाया जिन रस्तों पर जज़्बातों और ख़यालों की धूल मिलने लगी जिनमें मैंने लफ़्ज़ों की क्यारियाँ लगाना शुरू किया जो धीरे धीरे फूलों में खिलने लगीं।

इन सब रस्तों में मिले राहगीरों का आभार, जो कभी देशी शराब के गिलास में, तो कभी किताबों के बीच, जीवन के सबक बनकर मेरे साथ रहे।
और उन उन दोस्तों का बहुत सारा आभार जिन्होंने (जब मैं फ़ोन अफ़्फोर्ड नहीं कर सकता था) मेरे हाथों में अपने फ़ोन पकड़ा दिए जिनके T9 कीबोर्ड पर मेरे लफ़्ज़ों ने शुरुआती उड़ानें भरी। और उन सभी का भी आभार जिन्होंने मेरी लिखाई को सराहा, हौसला दिया और कभी एक लाइन, कभी एक मुस्कान के ज़रिए मुझे लिखते रहने का कारण दिया। अगर आपने कभी कहा, "तुम्हें लिखना चाहिए", तो

यह किताब कहीं न कहीं उनकी उस हौले से की गयी हौसला-हफ़्ज़ाई का नतीजा भी है। आपका बहुत शुक्रिया

ख़ासकर शुक्रिया मेरी दोस्त, हमदम, मेरी बीवी का -जिसने मुझे पहली बार यक़ीन दिलाया कि मेरी लिखी हुई रचनाएँ किताब के रूप में दिख सकती है और मेरे जन्मदिन पर उनको एक पर्सनल किताब की शक्ल दी और आज तक भी अपनी ख़ुशी ज़ाहिर करने में देर नहीं लगाती जब मैं लिखने बैठता हूँ।

उन अनजाने पाठकों को भी धन्यवाद, जिन्हें मैं शायद कभी न जान सकूँ, लेकिन जो कभी मेरी रचनाओं को पढ़ेंगे।

'शहरग़र्द'- एक सफ़र है जिसमें मैं शहरों में चलता रहा और ग़र्द उड़ाता रहा। अभी भी उड़ा रहा हूँ। यह किताब उन्हीं सबके लिए है जो कहीं न कहीं, किसी न किसी तरह मेरे साथ इस ग़र्द भरे रस्ते पर चले हैं और चलते रहेंगे ।

वो ग़र्द इन शहरों की दीवारों पर टंगे आईनों पर जमा हो गयी है। इसीलिए जब मैं इस आईने के सामने खड़ा होकर, अपने आप को देखता हूँ और सवालों के जाल में किसी जवाब की तलाश करता हूँ, तब धूल झाड़ने की कोशिश में कुछ लफ़्ज़ भी झड़ जाते हैं। इस किताब में वही लफ़्ज़ हैं। आख़िर में उस धूल, उस ग़र्द, उन शहरों और उन लफ़्ज़ों का शुक्रिया।
आप सभी का दिल से आभार।

आप सभी का दिल से आभार।

1. शहरग़र्द

एक छत, आठ किवाड़ें
चार कमरे, लाख दीवारें
बारह महीने, एक मौसम
हज़ार एहसास,एक औ-सम
बाइस मशक़्क़त, एक रसीद
सात दिन, दो उम्मीद
एक मुसाफ़िर, चार पहिए
लाख मुसाफ़िर, खड़े रहिए
हवा से बात, हवा की बात
धूप बिना दिन, तारों बिना रात
आलीशान, चालीस मंज़िल
रहना-खाना, होटल का बिल
खुले दिमाग़, बंद दिल
भागम भाग, रुकना मुश्किल
इस शहर के
कैसे पहर
दिन में रात
रात में दोपहर

2. शहर का खून

बंग्लो रोड की सड़कों पर
तिल तिल कुछ मर रहा था
उसी के खून का दस्तख़त
तारीख़ों में कोई भर रहा था
कि वक़्त की मार की
उसे कोई परवाह नहीं
वक्त को ही मार के
टाइम किल वो कर रहा था

3. शहर के इश्तहार

श्याम दीवानी
राधे धर्म काँटा
कीप डिसटेंस
OK TATA
यूज़ डिपर ऐट नाइट
माँ का आशीर्वाद
हॉर्न प्लीज़
धन्यवाद
आसिफ़ वेल्डिंग वर्क्स
प्रीमीयर बजाज
गुप्त रोगी मिलें
शर्तिया इलाज

4. शहर के शैदाई

शीशों की आँख में रौशनी कम है
वक़्त की दौड़ती देह नम है
दिन की मायूसी में ताप गरम है
मगर शहर के शैदाई हम हैं
सब कर जाने का वहम है
पर सब कर जाने से ज़खम है
शहद बहरूपिया कड़वा मलहम है
गटक जाने में शरम है
और मुस्कुराने का भरम है
बेढब मतलब पर सब कायम है
भागते चोर की लंगोट का गम है
चाँद पर जाने की धक्का धक्कम है
लाइन तोड़ना खुल्ला खुल्लम है
पैंट जेब में धेला रकम है
बुशट जेब में लीक कलम है
साइन करा के मिलता सितम है
कागज़ पूरे हैं, कागज़ का बम है
सोते में मूंछें कटने का मौसम है
तिनके वाली दाढ़ी सरगम है
ये तान बजाने वाले रेशम है

बाकी कपास के बेसुर हारमोनियम हैं
हल्ले से लैस हमेशा हरदम हैं
दीवारें पेंट करने का कार्यक्रम है
लिखता करम है दिखता धरम है
दुकान में बिकता हुआ बबलगम है
पाँव में चिपकने का नियम है
उतार कर फेंकना स्वयं है
पर स्वयं में खुदी बेदम है
और बाकी सब सक्षम हैं

5. शहर के नज़ारे

सुबह सुबह नींद खुली
अलसाई सी ली अंगड़ाई
बालकॉनी से झाँक कर देखा
छुटमलपुर की बस नहीं आई

6. शहर के मज़दूर

रात की सुबह से पहले,
बोल दिखला बांग के
घंटा डमरू चेन घुँघरू,
चल दे झोला टांग के
उठ बिना जम्हाई तोड़े,
तकिये छोड़े जांघ के
और कुल्ला नल बिना,
बाकी सब लोटा मांग के
खोल टुल्लू भर के चुल्लू,
चल दे ठेला ठेल के
जल्दी उठ के झट से पट के,
बच जा रेला रेल से
नींद बाकी छोड़ सरपट,
मिल जा जग की जेल से
दो पहर से चौ पहर तक
लेले डंडे पेल के
सर की फिकरी ठोक माथा,
ले दीवारें तोड़ दे
और माथे की लकीरें
हाथ वाली से जोड़ दे

हाथ भींचें मुट्ठी से ही,
फिर ये माथा फोड़ दे
इससे पहले मुट्ठी में तमाचा,
किसी और का कोई छोड़ दए

7. शहर का नमक

चार लोगों की नीड़ से
हज़ारों की भीड़ में
अब ज़रा सा खुल गया हूँ,
बड़े शहर के समन्दरों में
नमक सा अब घुल गया हूँ
कुएँ की मिट्टी का बर्तन
कैमिकलों से धुल गया हूँ

8. शहर के रोग

अहम है कि वहम है
बस अपनी आवाज़ सुनता हूँ।
जुनून ए मुक़ाम है,
या शायद ये ज़ुक़ाम है।

9. शहर का वक़्त

हिसाब का वक़्त,
वक़्त का हिसाब,
जब मिल जाए,
इत्तलाह करना जनाब ।

10. शहर का पता

मैंने अपना पता न बदला,
इस घर में अर्सा निकल गया
चिट्ठी फ़िर भी बैरंग लौटी
मेरे शहर का नाम बदल गया

11. शहर की मुहब्बत

जिसका पहले पता भी ना था
ऐसी बचपन की मुहब्बत थी
जब बहुत दूर जा पहुँचे
तब इल्म हुआ कि बहुत थी

अब ना रोज़ मिलना होता है
ना रोज़ बात होती है
महीनों में जाकर कभी
एक मुलाकात होती है

उसे छोड़ तो आए नजरें चुराकर
कई गैरों की नज़र
होंगी उसपर
अब हर वक्त
यही लगता है डर

लाइफ के बोर्डिंग स्कूल में
दाखिल हुए कुछ इस कदर
घर अब सिर्फ़ छुट्टियों में नसीब होता है
और महबूबा रह गयी है घर

क़िस्मत में साथ न था
कह कर हर बार मनाते हैं
यही उसे हर बार बताते हैं
जब भी छुट्टी पर घर आते हैं

छोटे शहरों का प्यार
कब खिलके गुलज़ार हुआ है
अक्सर एक अनार के ऊपर
सौ बीमार हुआ है

लॉन्ग डिस्टेंस गर्लफेंड्र है
या दूर की रिश्तेदार है
पर छोड़े नहीं छूटता
अपने शहर का जो प्यार है

12. शहर-ए-मुश्किल

इस रात की सुबह नहीं,
बहुत ग़र्द है
सिर्फ़ धुआँ नहीं,
मंज़िल पे मंज़िल खिंच गयी,
पर अभी कुछ भी हुआ नहीं

मुश्किल है जाना इस शहर में
गर्म ग़र्द भरी दुपहर में
जहां खो गयी आवाज़ें
और खो गए मंजर भी
काले धुएँ के ज़हर में
पर जुओं को कानों ने
अब तक है छुआ नहीं।

13. शहर के करतब

मैं चढ़ तो गया पहाड़
और एक जोर की दहाड़
से ये चिल्लाया
कि मैंने है मार गिराया
इस महाकाय को
इस सर्वदाय को
पर जैसे ही कदम बढ़ाया
वो पहाड़ थर्राया
मेरे जिस्म का बोझ
मेरे अरमानों का ओज
बदल गया दरारों में
टूटे हुए क़रारो में
मैंने जो झंडे गाड़े
वो आए नींवों के आड़े
नींवों में थी पीढ़ीयाँ गई बदल
और मैंने झंडा खरीदा था
कल मैं तो सोया आराम से
वो सब जगे हैं शाम से

14. शहर के छलावे

क्या आपके टूथपेस्ट में नमक है
क्या आपके दाँतों में चमक है
क्या आपकी Uber में surge है
क्या आपका ड्राइवर खुदगर्ज़ है

15. नाईट शिफ्ट

चलते चलते हम ख़ाक हुए
ढलते ढलते शाम हुई
उगते उगते बेदार नज़र
खुलते दिन का अंजाम हुई
आज की कोई ख़बर नहीं
ना कल से कोई बात हुई
कल का बस अंदाज़ा है
इस वक़्त से सब की मात हुई
दर बदर हम शहर शहर
गाँव-बदर हमारी जात हुई
जिस दिन को कामिल हम करके चुके
उस सुबह के घर पर रात हुई

16. शहर के रिश्ते

बैटरी थी तो
बैलेंस नहीं था
बैलेंस है तो
बैटरी नहीं है
पहले अपने को
कोई पूछता नहीं था
अब अपनी किसी से
बैठ रही नहीं है

17. शहर का ज़हर

एक शहर की
एक पहर
एक सहर है
कदमबोसी करके पीते
हर रोज़
ये ज़हर है

18. शहर के पायदान

शहर बदला है
या सिर्फ़ आसमान बदला
ज़मीन बदली है या
सिर्फ़ पायदान बदला

19. शहर के अजूबे

चहलकदमी पर फ़ोन साथ है
फ़ोन पर भी चल रही बात है
साथ में मवेशियों की बारात है
और हर शाम है चहलक़दमी
हर शाम ये मुलाक़ात है
पर एक अरसा गुज़र गया है
अब तक गोबर पर पैर न पड़ना
एक अजब ही करामात है ।

20. शहरी झूठ

चेहरे पर सफ़ेद झूठ
था नहीं छिपता
तो अब कोडिंग के पीछे
दस डिजिटल झूठ बुलवाए हैं
पहले क्या कम थे मुखौटे
जो अब AI के लगाये हैं

21. शहर का इंतज़ार

इंतज़ार की घड़ियाँ घंटों में
उन्हें नहीं नसीब एक रोटी भी
और इनका आसमान सिर पर है
क्योंकि देर से पहुँचा ओटीपी

www.ingramcontent.com/pod-product-compliance
Lightning Source LLC
Chambersburg PA
CBHW070654240926
51846CB00003BA/905
9789372135527